LE
SERMENT D'HORACE

COMÉDIE

Représentée pour la première fois à Paris, sur le théâtre du Palais-Royal, le 28 novembre 1860.

CHEZ LES MÊMES ÉDITEURS

ŒUVRES COMPLÈTES DE HENRY MURGER

FORMAT GRAND IN-18

LE DERNIER RENDEZ-VOUS	1	vol.
LE PAYS LATIN	1	—
SCÈNES DE CAMPAGNE	1	—
LES BUVEURS D'EAU	1	—
LES VACANCES DE CAMILLE	1	—
LE ROMAN DE TOUTES LES FEMMES	1	—
PROPOS DE VILLE ET PROPOS DE THÉATRE	1	—
SCÈNES DE LA VIE DE JEUNESSE	1	—
SCÈNES DE LA VIE DE BOHÈME	1	—
LE SABOT ROUGE	1	—
MADAME OLYMPE	1	—

LES NUITS D'HIVER, poésies.............. 1 vol.

BALLADES ET FANTAISIES, un joli volume in-32.

THÉATRE

LA VIE DE BOHÈME, comédie en cinq actes.
LE BONHOMME JADIS, comédie en un acte.
LE SERMENT D'HORACE, comédie en un acte.

Paris. — Imp. de PILLET fils aîné, rue des Grands-Augustins, 5.

LE

SERMENT D'HORACE

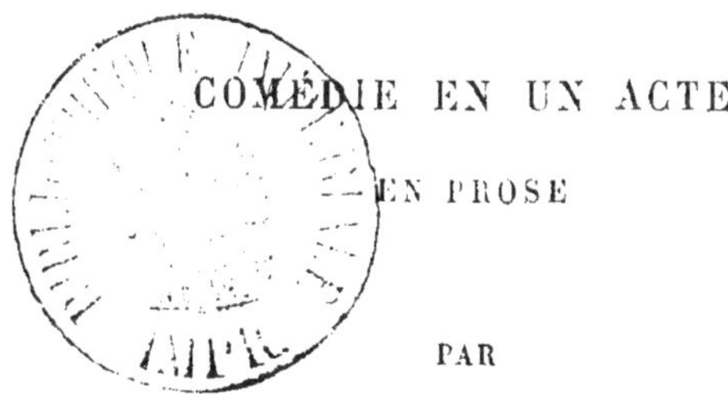

COMÉDIE EN UN ACTE

EN PROSE

PAR

HENRY MURGER

PARIS

MICHEL LÉVY FRÈRES, LIBRAIRES-ÉDITEURS

RUE VIVIENNE, 2 BIS.

1861

PERSONNAGES

HORACE GÉRARD, 25 ans, sans profession..........	MM. RAVEL.
DUBREUIL, ex-capitaine au long cours, mulâtre.......	PELLERIN.
JULIETTE DE SANTENIS..........................	Mmes DESCHAMPS.
ROSE, femme de chambre...........................	GRÉNISSE.

A Paris, en 1860.

LE

SERMENT D'HORACE

Un boudoir élégant. A gauche, 1er plan, une corbeille de fleurs, un guéridon, un portrait photographié à la cloison. Une porte au 2e plan, une cheminée au 3e plan ; près de la cheminée, un paravent peu élevé. Une causeuse devant la cheminée, deux lampes sur la cheminée. Au fond et au milieu, un piano. A la gauche du piano, une jardinière. Une porte dans l'angle de droite ; c'est la porte de sortie. 2e plan, une autre porte ; 1er plan, un petit meuble ; un canapé près du petit meuble ; candélabres, chaises, tabourets, vases sur le piano et le guéridon. Un petit portrait à la cloison de droite. 7 heures du soir.

SCÈNE PREMIÈRE

JULIETTE, ROSE, puis DUBREUIL *.

(Au lever du rideau, Juliette, étendue sur la causeuse, tient une mandoline et chante un air. Rose, derrière elle, répare sa coiffure.)

JULIETTE.

Air *nouveau de Mangeant*.

Le maître sommeille...
Mais moi,
Pépita, je veille
Pour toi.
La nuit étend ses voiles,
Fuyons sur le flot bleu ;
C'est pour nous seuls que Dieu
Allume ses étoiles.

DUBREUIL entrant, un certain désordre dans ses vêtements, barbiche noire en pointe, cheveux crépus.

Que le diable emporte Paris et les Parisiens ! je déclare que ce sont tous des idiots !... des idiots ! des idiots !

* Juliette, Rose.

ROSE, lui apportant avec empressement un vase*.

Voilà, Monsieur...

DUBREUIL le brise avec colère et rentre dans la chambre à gauche comme une fusée, en faisant trembler les portes.

ROSE, terrifiée **.

Ah!

JULIETTE, reprenant son refrain avec une grande tranquillité.

Le maître sommeille...
Mais moi,
Pépita, je veille
Sur toi.

ROSE.

Oh! mon Dieu! mon Dieu!

JULIETTE, avec une grande nonchalance, à Rose.

Eh bien! qu'as-tu donc, Rose? (Elle se regarde dans un miroir.)

ROSE.

Oh! jamais je ne m'habituerai à l'oncle de madame.

JULIETTE.

Il aura eu quelque querelle. Pourvu qu'il n'ait tué personne. Ramasse ces débris, mon enfant, et mets-les avec les autres.

(Rose va jeter les morceaux du vase dans un panier à droite qui en contient déjà d'autres.)

JULIETTE.

Et dans le cas où la fureur de mon oncle ne serait pas calmée, prépare-lui un nouveau paratonnerre.

(Rose va prendre un vase en porcelaine commune et le met à la place où était le premier.)

DUBREUIL, en dehors.

Rose! (entrant) Rose***!

ROSE.

Monsieur?

DUBREUIL.

Accoste!

ROSE, à elle-même.

Accoste?

DUBREUIL.

Accoste!

* Juliette, Rose, Dubreuil.
** Juliette, Rose.
*** Juliette, Dubreuil, Rose.

ROSE.

S'il vous plaît, monsieur?

DUBREUIL.

Avance!

ROSE.

N'ayant jamais navigué, j'ignorais... dorénavant j'accosterai.

DUBREUIL.

Tais-toi! ton organe me déplaît, aies-en un autre demain ou je te chasse.

ROSE.

Mais...

DUBREUIL.

Silence! Prends ces deux cents francs et donne-les à un garçon de café qui est là. (Criant.) Mais va donc!

(Rose se sauve.)

DUBREUIL.

Cette fille m'agace. (Il étend la main vers un vase qui est sur le guéridon.)

JULIETTE, lui désignant le vase vide sur le piano.

Pardon, mon oncle... celui-ci, si cela vous est égal.

DUBREUIL.

Je n'ai pas de préférence. D'ailleurs, je suis calme *.

JULIETTE, avec une indolence parfaite.

Mais que vous est-il donc arrivé? Je suis tout émue.

DUBREUIL, à la cheminée.

Une histoire stupide... Je mâchonnais un régalia sur le boulevard *Capucine*... en flânant. Je rencontre qui? mon ami Pacheco Gomez... tu sais**... qui faisait avec moi le commerce des nègres... un gentil garçon... pendu trois fois en Amérique.

JULIETTE.

Il va bien?

DUBREUIL.

Très-enrhumé. — Dubreuil! s'écrie-t-il. — Pacheco Gomez à Paris! — Oui... — Dînons-nous ensemble?... — Ça va. — Nous entrons dans un restaurant du boulevard... et nous

* Juliette, Dubreuil.
** Dubreuil, Juliette.

dînons... mal... très-mal... le poisson trop mûr, les fruits trop verts... Je demande la note; on me fait attendre vingt minutes... Enfin, le garçon arrive avec une addition...

JULIETTE, avec satisfaction.

Ah !...

DUBREUIL.

Elle n'était pas pour nous; elle était pour un monsieur qui avait dîné dans nos environs. Je lui dis très-poliment : — Monsieur, j'avais demandé l'addition avant vous. Je vous défends de payer avant moi..... ou je vous casse cette bouteille sur la tête. Il insiste... je lui décoche une bouteille de bordeaux... Haut-Lafitte... 49... retour de de l'Inde *.

JULIETTE.

Vous l'avez blessé ?

DUBREUIL, derrière la causeuse.

Le bon bordeaux ne fait jamais de mal... Il riposte par un bourgogne généreux... grand cru... pomard 52... La lutte s'engage entre l'école bordelaise et l'école bourguignonne. Tumulte, cris, pêle-mêle... les garçons arrivent... Mon ami Pacheco Gomez et moi, nous saisissons deux esclaves... et v'lan... par la fenêtre sur le boulevard.

JULIETTE se lève et descend s'asseoir sur le canapé.

Ah! mon Dieu ! ils sont tombés !...

DUBREUIL.

Ils sont tombés assis... Étonnement des promeneurs, rumeurs diverses, rassemblements, intervention de la Sainte-Hermandad**, vitres brisées. 43 francs de dîner! 200 francs de carreaux. Total 243 francs !... Comme la vie est chère à Paris... Ah! si tu m'en croyais, Juliette, nous retournerions en Amérique.

JULIETTE.

Par exemple!... j'aime Paris.

DUBREUIL. (Il s'asseoit près de Juliette.)

Avoue que je suis une bonne pâte d'oncle. Ton vieux

* Juliette, Dubreuil.
** Dubreuil, Juliette.

mari, en se promenant dans les Pampas, est piqué par un serpent corail... Au bout de douze minutes... tu étais veuve, et au bout de douze jours, consolée.

JULIETTE.

Mon oncle...

DUBREUIL.

Nous sommes seuls! Je puis te certifier que ta douleur fut contenue.

JULIETTE.

Mais je vous assure...

DUBREUIL.

Tu as pleuré ton mari douze jours, tu pouvais lui compléter sa quinzaine, tu ne l'as pas fait, ça te regarde. Je suis libre, t'écrias-tu... le treizième jour... Mon cher petit oncle, je voudrais voir Paris, habiter Paris! Oh! Paris! Et moi, j'ai consenti.

JULIETTE, lui faisant un collier de ses bras.

N'êtes-vous pas mon oncle, mon protecteur?

DUBREUIL.

Aussi ai-je quitté pour toi mon Brésil, mon soleil, mes belles courses en mer... Dire que tu pourrais me rendre tout cela!

JULIETTE.

Comment?

DUBREUIL.

Prends une autre égide. Remarie-toi; épouse Charvalu!

JULIETTE, se levant.

Un commissionnaire en marchandises*! D'ailleurs, M. Charvalu me déplaît.

DUBREUIL.

Il est riche, il est propriétaire... (Il se lève.) Il est encore jeune, il n'a que trente-deux ans. Eh bien, la moyenne de la vie humaine étant de trente-trois, Charvalu n'a plus qu'un an à faire. Dans un an tu serais encore veuve... Qu'est-ce que ça te fait? tu as le veuvage gai.

JULIETTE. (Elle arrange des fleurs à gauche.)

Oh! vous êtes indigne!

* Juliette, Dubreuil.

DUBREUIL.

Si Charvalu donnait un démenti aux calculs de la statistique... Eh bien! tu retournes avec lui en Amérique... tu lui donnes quelques goûts d'histoire naturelle... Il va herboriser dans les Pampas; le serpent qui t'a rendue veuve a dû faire des petits.

JULIETTE.

Mais, c'est affreux, savez-vous, ce que vous dites-là!

DUBREUIL, *se chauffant les pieds.*

Ah! ah! ah! ah! c'est pour plaisanter. Ce pauvre Charvalu!... Est-il venu faire sa cour aujourd'hui?

JULIETTE.

Non.

DUBREUIL.

Ça lui sera sorti de la tête. Il est si distrait! Il sera peut-être venu en ton absence! Rose! Rose!

SCÈNE II

LES MÊMES, ROSE.

ROSE.

Monsieur*!

DUBREUIL.

M. Charvalu n'est pas venu?

ROSE.

Non, monsieur.

DUBREUIL, *riant.*

Il l'aura oublié! Satané Charvalu, va! (*Il prend son chapeau.*)

JULIETTE.

Vous sortez? (*Elle s'assied près du guéridon.*)

DUBREUIL.

Un instant. Mon ami Pacheco Gomez m'attend à Tortoni pour y prendre le moka et la liqueur de feu... Ah! à propos, Rose, est-on venu de chez Renard m'apporter mon paletot?

ROSE.

Pas encore, monsieur.

* Juliette, Rose, 2e plan, Dubreuil.

DUBREUIL.

Si le tailleur vient, fais-le attendre. (Avec colère.) M'entends-tu ?

ROSE, sautant en l'air et descendant.

Mais, oui, monsieur.

DUBREUIL.

Ces domestiques sont stupides; s'ils étaient noirs, comme on les vendrait ! mais ils sont blancs... on n'a pas le droit.

ROSE.

Je crois bien.

DUBREUIL.

Voilà une soubrette insupportable. (Il la prend par le bras et la fait passer à droite *.) Eh bien ! si elle était noire, j'en aurais 3,000 francs.

ROSE, indignée.

3,000 francs !

DUBREUIL.

Voyons tes dents ! 3,500 !... mais tu es blanche !... on n'a pas le droit. (Il se coiffe et sort brusquement à droite.)

ROSE.

Quel jaguar !

SCÈNE III

JULIETTE, ROSE.

JULIETTE, se levant.

Mon oncle sort bien souvent. (Un soupir.) Faisons de la musique **. (Elle prend sur le piano sa mandoline.) Ah ! j'ai cassé une corde. (Elle va s'asseoir sur le canapé.)

JULIETTE, s'asseyant.

Je m'ennuie... Rose !...

ROSE.

Madame ?...

JULIETTE.

Sais-tu ce que c'est que le spleen ?

* Juliette, Dubreuil, Rose.
** Rose, Juliette.

ROSE.

Oui, madame, c'est une étoffe anglaise.

JULIETTE.

Rose !

ROSE.

Madame !

JULIETTE.

Dis-moi des contes de fées. (Elle donne sa mandoline à Rose, qui la pose sur le meuble de droite.)

ROSE, derrière le canapé, riant.

Je veux bien, madame * ! Il y avait une fois une princesse qui était veuve... et belle... oh ! mais belle... comme la beauté... Un jour, en sortant de la mosquée, elle fut aperçue par le prince Charmant... qui était joli ! des yeux grands comme cela... et dix-huit ans.

JULIETTE.

Ton histoire est une menteuse, mon enfant... Le prince Charmant était commissionnaire en marchandises et il s'appelait Charvalu. (On sonne.) Tiens ! va lui ouvrir... le voici qui sonne.

ROSE, soupirant.

Oui, madame. (Elle sort à droite.)

JULIETTE, seule.

Il arrive à propos... Je vais le rendre malheureux... Cela me fera toujours passer une heure...

ROSE, rentrant **.

Madame !

JULIETTE.

Eh bien, qu'il entre.

ROSE.

Madame, ce n'est pas M. Charvalu.

JULIETTE.

Vraiment !

ROSE.

C'est un monsieur qui m'a remis cette carte.

JULIETTE.

Donne. (Lisant.) « Monsieur Horace Gérard. » Je ne connais pas... c'est peut-être un ami de mon oncle, fais entrer...

* Juliette, Rose.
** Rose, Juliette.

ROSE.

Entrez, monsieur.

(Gérard paraît. Elle sort.)

SCÈNE IV

LES MÊMES, GÉRARD, mis assez élégamment, son paletot sur le bras et un agenda à la main *.

GÉRARD.

Mille pardons, madame.

ROSE, à elle-même.

Mais, c'est lui!... (Elle sort.)

GÉRARD.

C'est bien à madame... (lisant sur son agenda) à madame Juliette de Santenis que j'ai l'honneur de parler?

JULIETTE.

Oui, monsieur.

GÉRARD.

Rue de Provence, 24, au second?

JULIETTE.

Oui, monsieur.

GÉRARD. (Il prend des gants blancs dans sa poche et les met.)

Très-bien, madame, j'ai l'honneur de vous demander votre main.

JULIETTE, interdite, se levant.

Ma main! Mais, monsieur...

GÉRARD.

Je sais... vous allez me dire que vous ne me connaissez pas... Moi non plus, madame, je ne vous connais pas. Ah! si nous nous connaissions, ça ne serait plus drôle.

JULIETTE, toujours avec calme.

Oh! un fou... chez moi...

GÉRARD, voulant entamer la conversation.

Figurez-vous, madame...

JULIETTE, lui montrant la porte du geste.

Sortez, monsieur, sortez!

GÉRARD.

Mais, madame...

* Gérard, Juliette, Rose, 2e plan.

JULIETTE. (Elle sonne. Rose parait*.)

Rose, reconduisez monsieur.

ROSE.

Oui, madame.

GÉRARD, à part.

Diable ! (Il disparait à droite en saluant beaucoup.)

JULIETTE, seule. (Elle reste irrésolue et finit par rire aux éclats.)

Ah ! ah ! ah ! ah ! quelle demande en mariage ! J'aurais dû faire causer cet original... voilà si longtemps que je m'ennuie ; il m'eût amusée.

GÉRARD, reparaissant **.

Je ne demande pas mieux, madame... Donnons-nous la peine de nous asseoir. (Il avance une chaise.)

JULIETTE.

Mais enfin, monsieur, à qui ai-je l'honneur...?

GÉRARD.

C'est juste... M. Horace Gérard. (Il se rapproche après s'être incliné et avoir salué.) Mon âge, celui des femmes de Balzac... Ma fortune, 35,000 livres de rente... Ma profession (avec amertume), infortuné. (Il s'assied.)

JULIETTE, assise.

Votre malheur a de beaux appointements.

GÉRARD.

Vous m'avez pris tout à l'heure pour un fou ! Hélas ! non, madame, un fou, c'est la moitié d'un poëte, et je ne suis pas de ces mortels privilégiés qui marchent dans les étoiles. Je rampe piteusement dans la poussière terrestre. Savez-vous quelle est ma vie, madame ? Je me lève à onze heures... mon domestique me dit : « Monsieur est servi. » Je déjeune, je sors, je rencontre des connaissances qui me disent : « Tiens, te voilà. — Oui, me voilà. — Tu vas bien ? — Oui, et toi ? — J'ai été souffrant, j'ai eu mal à l'œil... — Ah ! tant pis. — Adieu. — Bonsoir. » Ça dure comme ça jusqu'à trois heures ; à trois heures je monte à cheval ; quelquefois j'en tombe... A cinq heures je rentre chez moi ; mon domestique me dit : « Monsieur est servi. » Je dîne, je sors... je vais au théâtre, où je vois toujours la même pièce. Je vais dans le monde, où je rencontre les mêmes connaissances qui me

* Gérard, Juliette, Rose, 2e plan.

** Gérard, Juliette.

disent : « Tiens, te voilà ? — Oui, me voilà. — Tu vas bien ? — Oui, et toi ? — J'ai été souffrant, j'ai eu mal dans le dos. — Ah ! tant pis. — Adieu. — Bonsoir. » De temps en temps, pour varier, une de mes connaissances me dit : « Prêtez-moi donc vingt-cinq louis. » Ça dure comme ça jusqu'à minuit ; à minuit je me couche, et le lendemain... (dramatiquement) le lendemain, madame, je recommence.

JULIETTE.

Mais, monsieur, je ne vois rien là qui puisse...

GÉRARD, se levant.

Comment, madame, voyager ainsi tous les jours dans l'omnibus de la monotonie ; aller comme cela toute ma vie de la Bastille à la Madeleine et de la Madeleine à la Bastille, sans même avoir la chance de verser !... J'avais soif d'imprévu. (Il s'assied.) Suivez-moi bien, madame. (Tirant sa montre.) Je n'ai plus que quatre minutes à vous donner. J'étais hier à l'Opéra-Comique. Je sors après le second acte : l'ouvreuse me donne mon paletot. En cherchant dans ma poche pour y prendre des cigares, j'y trouve l'imprévu demandé...

JULIETTE.

Comment, monsieur...

GÉRARD.

L'ouvreuse s'était trompé de paletot. Le voilà, l'imprévu, madame... relié en maroquin rouge. (Il tire un agenda.)

JULIETTE, lisant.

Charvalu...

GÉRARD.

Oui, madame, commissionnaire ; il fait les commissions du hasard... mais il n'a sans doute pas de mémoire, et il écrit la veille sur cet agenda ce qu'il doit faire le lendemain.

JULIETTE.

Je ne comprends pas, monsieur.

GÉRARD, se levant.

Vous ne comprenez pas !... Ce que je fais m'ennuie, me suis-je écrié, faisons ce que doit faire Charvalu ; ma vie m'ennuie, entrons dans la vie de Charvalu. Voici le programme de sa journée, madame ; j'ai juré de l'exécuter fidèlement. (s'asseyant, il lit, son crayon à la main.)

JULIETTE.

Ah! je suis curieuse...

GÉRARD.

« Article 1er : Aller à la Bourse commerciale acheter « soixante boucauts de sucre et quarante sacs de café. » J'ai acheté... Vous me direz que c'est beaucoup pour un ménage de garçon... mais ma demi-tasse est assurée pour le restant de mes jours. J'ai payé; je biffe... « Article 2. « Si je passe rue du Helder, monter chez Georgette. »

JULIETTE.

Georgette!

GÉRARD.

J'y suis monté l'année dernière, quand elle s'appelait Caroline. Je biffe. « Article 3. A sept heures et demie, « aller demander la main de madame de Santenis, rue de « Provence, 24. » Je vous prie de remarquer, madame, qu'à 7 heures 30 je me suspendais à votre sonnette... Je crois que je peux biffer. « Article 4. Ne pas souffrir d'observations « de l'oncle Dubreuil... au besoin, lui manquer de respect. » L'article est illustré.

JULIETTE.

Illustré!

GÉRARD.

Oui, il y a une vignette.

JULIETTE.

Quelle vignette?

GÉRARD.

Une jambe horizontale se dirigeant vers un monsieur qui ne se présente pas de face. Article dangereux et non exécuté... Je ne biffe pas.

JULIETTE.

Eh quoi! vous oseriez...?

GÉRARD.

J'ai juré!... Enfin, article 5 : « A huit heures, aller prendre un bain oriental, me faire frictionner par Mustapha. » (Se levant.) Ah! mon Dieu! votre pendule va bien, madame?

JULIETTE.

Oui, monsieur.

SCÈNE V.

GÉRARD.

Huit heures! Désolé de vous quitter, madame; je cours à l'étuve... et je reviens!...

JULIETTE, se levant*.

C'est inutile... Si vous avez fait une gageure, vous avez gagné.

GÉRARD.

Ce n'est point une gageure, madame; j'ai juré, j'obéis... Huit heures cinq!... Mustapha va m'attendre... Je cours à l'étuve, je me trempe, madame, et je reviens!

JULIETTE.

Mais non, monsieur...

GÉRARD, en sortant.

Je me trempe et je reviens!

SCÈNE V

JULIETTE, puis ROSE.

JULIETTE. (Elle descend.)

Mais il est fou!... Et mon oncle qui me laisse seule ainsi... exposée à... (Elle se met à rire.) Ah! ah! ah! Décidément, il est fort singulier.

ROSE, entrant**.

Madame n'a besoin de rien?

JULIETTE.

Si, j'ai besoin d'air. Donne-moi mon châle, mon chapeau.

ROSE.

Madame va sortir? Faut-il dire à Jean d'atteler?

JULIETTE.

C'est inutile... je prendrai un remise. (On sonne à tour de bras. Tiens! voilà M. Charvalu.

ROSE.

Madame ne sort plus?

JULIETTE, mettant vivement son châle.

Au contraire, je me sauve***. (Le carillon continue.)

* Juliette, Gérard.
** Juliette, Rose.
*** Rose, Juliette.

ROSE.

Mais madame va le rencontrer. (Elle va ouvrir.)

JULIETTE.

C'est juste... Ah! de ce côté!...

(Au moment où Juliette disparaît par la gauche, Gérard paraît au fond.)

SCÈNE VI

GÉRARD, ROSE. (Elle recule et reste au fond.)

GÉRARD.

Je suis furieux! Mustapha est en Kabylie... il marie son père!... Enfin! j'ai pris mon cachet... Quand il reviendra, je suis inscrit. (Regardant autour de lui.) Où est-elle donc *? Comment! il est convenu que je dois revenir, et elle s'en va!

ROSE, à part.

C'est bien lui! (Haut.) Monsieur Horace!

GÉRARD.

Mon petit nom!

ROSE.

Vous ne me reconnaissez donç pas? Je suis Rose.

GÉRARD.

Rose! Laquelle?

ROSE.

Rose Copin, qui était femme de chambre chez Mlle Coralie.

GÉRARD.

Ah! Coralie! (Changeant de ton.) Laquelle?

ROSE.

La petite Coralie... rue Labruyère.

GÉRARD.

Ah! Coralie!

ROSE.

En voilà une qui a fait des tours à monsieur!

GÉRARD.

Vraiment!... Eh bien! elle ne m'en a jamais parlé. Du reste, ça ne l'empêchait pas de m'aimer...

* Rose, Gérard.

ROSE.

Oh! non; même un jour elle a voulu se tuer pour monsieur.

HORACE.

C'est vrai.

ROSE.

Et que je suis allée commander deux boisseaux de charbon.

HORACE.

C'est vrai... Seulement, dans l'égarement de son désespoir, elle s'est trompée : au lieu d'allumer le charbon, elle a allumé le charbonnier. Enfin, je lui pardonne *. Tu comprends bien, n'est-ce pas, Rose Copin, que ce n'est pas au moment où l'on se range, où l'on demande la main de Mme de Santenis...

ROSE.

Vrai, vous voulez épouser madame?

GÉRARD.

L'épouser! (Il regarde son agenda.) Il n'est pas question de ça pour le moment. Je demande sa main, voilà tout.

ROSE.

Dame, puisque madame est veuve.

GÉRARD.

Oh! c'est une seconde édition. (Regardant un médaillon.) Qu'est-ce que c'est que ça?

ROSE.

Le portrait de madame.

GÉRARD.

Son image fidèle. (Il décroche le médaillon.) Sapristi! mais elle est très-jolie, cette femme-là; je ne l'avais pas regardée **. (Il met le médaillon dans sa poche.)

ROSE.

Eh bien! vous prenez ce portrait?

GÉRARD.

Je renverrai le cadre.

ROSE.

Mais non, monsieur; rendez-le-moi tout de suite ***.

* Gérard, Rose.
** Rose, Gérard.
*** Gérard, Rose,

GÉRARD, sans l'écouter, regardant un autre portrait.

Rose Copin, qu'est-ce que c'est que ça?

ROSE.

C'est la photographie de madame.

GÉRARD, la décrochant.

Sa photographie *! un Nadar! École française. (Il la regarde.) Ah çà, mais, dis-donc, toi; c'est un ange que cette petite femme-là! c'est un ange! (Il met la photographie dans sa poche.)

ROSE.

Voulez-vous laisser cela!

GÉRARD.

Puisque je renverrai le cadre.

ROSE.

Mais...

GÉRARD.

Laisse-moi tranquille! Occupe-toi de tes affaires!

ROSE.

Au fait, ça regarde madame... Tiens! ils ont laissé éteindre le feu!...

GÉRARD.

Tu as froid? (Il l'embrasse.)

ROSE.

Eh bien!...

GÉRARD.

Je mets une bûche!

SCÈNE VII

LES MÊMES, DUBREUIL **.

DUBREUIL, entrant comme la foudre.

Que le diable emporte Paris et les Parisiens!... Ce sont tous des idiots!... des idiots! des idiots!

ROSE, apportant vivement à Dubreuil un vase.

Voilà, monsieur ***.

* Rose, Gérard.
** Dubreuil, Rose, Gérard.
*** Rose, Dubreuil, Gérard, 2e plan.

DUBREUIL, le cassant.

Vlan! Oh! ça soulage. (Il rentre à gauche.)

GÉRARD.

Quel est ce cataclysme?

ROSE.

C'est l'oncle de madame! (Elle se sauve, emportant les débris du vase.)

GÉRARD.

Dubreuil, l'article illustré... Sapristi! ça n'ira pas tout seul!

SCÈNE VIII

GÉRARD, DUBREUIL *.

DUBREUIL, rentrant.

Rose! prends ces trois cents francs... Mais il n'y a donc personne dans cette baraque?

(Il jette son cigare aux pieds de Gérard, sans le voir.)

GÉRARD.

Eh! là-bas!

DUBREUIL.

Vous m'ennuyez, vous!... ** Comprend-on ça!... J'entre à Tortoni... Il y avait là des jeunes gens qui parlaient de chasse et de leur adresse... ça m'a agacé!...

GÉRARD.

Pourquoi?

DUBREUIL.

Je vous dis que ça m'a agacé. Je tire de ma poche le revolver que voici.

GÉRARD, inquiet.

Hé! il n'est pas chargé?

DUBREUIL.

Si!... il me reste encore un coup.

GÉRARD, se reculant.

Mais ça suffit!

DUBREUIL, continuant.

Et au moment où le garçon m'apportait une bougie pour allumer mon cigare... pan!... je la mouche à vingt pas!...

* Dubreuil, Gérard.
** Gérard, Dubreuil.

GÉRARD, qui comprend.

Ah!... et vous tuez la glace du fond!...

DUBREUIL.

Net!... trois cents francs!... Comme la vie est chère à Paris!... Mais elle ne viendra donc pas! (Appelant.) Rose!... Rose!... (Il dépose son pistolet, va pour sonner et arrache le cordon.)

GÉRARD, même jeu.

Attendez... je vais vous aider. Rose! Rose!

DUBREUIL.

Oh! ces domestiques!

GÉRARD.

Ne m'en parlez pas!

TOUS DEUX, remontant.

Rose! Rose!

GÉRARD.

Vous êtes vif, vous!

DUBREUIL.

Non!... je suis doux!

GÉRARD.

Ah! oui!

DUBREUIL.

Quand je suis venu au monde, on a cru pendant deux jours que j'étais une fille.

GÉRARD.

Sapristi! les experts y ont mis de la bonne volonté!

DUBREUIL.

Je ne me mets en colère que par raison de santé; si j'étais calme plus d'un quart d'heure, je craindrais une attaque d'apoplexie. (Avec inquiétude.) Suis-je rouge?

GÉRARD.

Très-rouge!

DUBREUIL.

Cette fille abrége ma destinée*!... (Appelant.) Rose!... Rose!...

(Il frappe du poing sur la table. Même jeu de Gérard.)

GÉRARD.

Rose! Rose!

DUBREUIL.

Voyez si elle viendra!

* Dubreuil, Gérard.

GÉRARD.

Ah! attendez!...

(Il prend le pistolet que Dubreuil avait déposé sur le piano et le décharge dans la cheminée.)

ROSE, accourant.

Monsieur a sonné *?

DUBREUIL.

Tiens! voilà une idée!... merci!... Rose!... prends ces trois cents francs **... et donne-les à un garçon de café qui est là!

ROSE.

Encore!

DUBREUIL.

Je te défends de t'étonner!

ROSE, riant.

Oui, monsieur.

GÉRARD.

Qu'est-ce qui te fait rire?

ROSE.

Monsieur, c'est que je suis gaie!

DUBREUIL.

Pourquoi es-tu gaie?

ROSE.

Monsieur, c'est le beau temps!... Je suis comme les mouches.

DUBREUIL.

Je te chasse!

GÉRARD.

Nous te chassons!

DUBREUIL.

Mais va donc!

ROSE.

Ah! oui, monsieur. (Elle se sauve en riant.)

DUBREUIL.

Ah! ça va mieux maintenant ***!... J'ai un quart d'heure à être aimable! (Il sourit.)

* Dubreuil, Gérard, Rose.
** Dubreuil, Rose, Gérard.
*** Gérard, Dubreuil.

GÉRARD.

Il a un quart d'heure à être gracieux... et il n'est plus chargé. Sapristi, voilà le moment de placer mon article 41...

(Il remue la jambe.)

DUBREUIL.

Qu'est-ce que vous avez?... Pourquoi remuez-vous la jambe?

GÉRARD.

Je suis un peu comme vous... les nerfs!... les nerfs!...

(Tout en écoutant, Dubreuil fait jouer le système du revolver et glisse quatre cartouches dans les canons. Girard le regarde.)

GÉRARD.

Qu'est-ce que vous faites donc?

DUBREUIL.

Je recharge mon revolver.

GÉRARD.

Ça n'ira pas tout seul *.

SCÈNE IX

LES MÊMES, JULIETTE.

JULIETTE, entrant **.

Bonsoir, mon oncle.

GÉRARD, saluant.

Madame...

JULIETTE, partant d'un éclat de rire.

Vous encore, monsieur!... Ah! ah! ah!

GÉRARD, saluant.

Encore!... trop bonne, madame...

JULIETTE.

En vérité, monsieur, cette insistance... Que me voulez-vous?... Je ne vous connais pas!

GÉRARD, saluant.

Non!

DUBREUIL.

Tu ne connais pas monsieur?... mais, moi non plus!...

* Dubreuil, Gérard.

** Dubreuil, Juliette Gécard.

Comment! voilà une demi-heure que je cause avec vous sans vous connaître...

JULIETTE.

C'est un monsieur qui demande ma main. (Rose rentre*.)

DUBREUIL.

Lui!

HORACE, saluant.

Moi... Horace Gérard... jeune encore...

DUBREUIL.

Mais, alors, il se moque de nous! Rose, tu es ici pour tout faire... Prends monsieur, et jette-le par la fenêtre!

ROSE.

Oh! madame!...

GÉRARD.

Oh! madame!...

JULIETTE, froidement.

Rose, éclairez monsieur.

GÉRARD.

Alors, madame, dans la situation où nous sommes, je n'ai pas le droit de rien garder qui vous ait appartenu... voici votre portrait. (Il lui donne le médaillon.)

DUBREUIL.

Ton portrait?

JULIETTE.

Comment, monsieur!

GÉRARD.

Je l'avais pris, madame.

DUBREUIL.

Pourquoi faire?

GÉRARD.

C'était pour le garder. En voilà encore un, sans retouche... Excusez-moi, madame... supposez que vous avez passé une heure à l'Opéra et que l'on vous a intriguée... voilà tout... (Il remonte**.) Maintenant que j'ai rempli tous les articles de mon programme, excepté un (regardant Dubreuil), excepté un... et encore il a fallu une circonstance indépendante de

* Dubreuil, Juliette, Rose, Gérard.
** Dubreuil, Gérard, Rose.

ma volonté. — Enfin, on fait ce qu'on peut. Voici l'agenda de M. Charvalu. (Il donne l'agenda à Juliette.)

DUBREUIL.

Charvalu ! Je ne comprends pas.

GÉRARD, à Dubreuil.

C'est inutile. — Adieu donc, madame... je désire que votre futur mari, qui a si peu de mémoire, n'oublie pas de vous rendre heureuse.

JULIETTE, feuilletant l'agenda.

Il ne l'oubliera pas, monsieur, s'il est fidèle à l'article 6 de cet agenda.

GÉRARD, qui allait sortir.

Plaît-il... l'article 6...? Mais il n'y a pas d'article 6, madame.

JULIETTE.

Il y en a un quand on tourne le feuillet. Une clause sérieuse, *indispensable*.

GÉRARD, vivement.

Laquelle, madame, laquelle *?

JULIETTE, mettant l'agenda dans sa poche.

Il fallait tourner le feuillet.

ROSE.

Tiens!...

JULIETTE.

Rose, éclairez monsieur.

ROSE, qui a lu par derrière l'épaule de sa maîtresse.

Oui, madame. (Elle prend une lampe.) Tiens ! tiens !

GÉRARD, avec abattement.

Qu'est-ce que ça peut être ?

DUBREUIL, d'une voix tonnante.

Avez-vous fini ?

GÉRARD.

Ah ! bon, c'est votre heure. Et bien, moi aussi, je suis furieux, je suis enragé.

DUBREUIL.

Sacrebleu !

GÉRARD, furibond.

Sacrebleu !

* Dubreuil, Gérard, Juliette, Rose, 2e plan.

DUBREUIL, *idem.*

Tonnerre des Indes!

GÉRARD, *idem.*

Je veux bien... Tonnerre des Indes! Je le trouverai, cet article 6. A une époque où l'on a trouvé la vapeur, l'électricité et le magnétisme, on ne trouverait pas un méchant petit article 6! Je le trouverai! (*Il prend un vase et le casse.* — *A Dubreuil.*) Tiens! vous êtes dans le vrai, vous, c'est bon, la colère; ça soulage.

DUBREUIL, *menaçant.*

Sortirez-vous, mille carabines?

GÉRARD, *menaçant.*

Je sors, deux mille carabines! (*D'une voix terrible, à Rose qui rentre.*) Rose Copin, éclairez-moi! (*Il sort suivi de Rose.*)

SCÈNE X

DUBREUIL, JULIETTE, puis ROSE *.

DUBREUIL, *furieux.*

Mais, mille tonn... (*Se calmant tout à coup.*) Eh bien, il me plaît beaucoup ce garçon-là; mais, qu'est-ce que cela signifie?

JULIETTE.

Cela signifie que ce jeune homme a trouvé l'agenda sur lequel M. Charvalu écrit la veille ce qu'il a à faire le lendemain.

DUBREUIL.

Eh bien?

JULIETTE, *s'asseyant sur le canapé.*

Il a juré d'exécuter à la lettre pour son compte le programme de M. Charvalu **.

DUBREUIL.

Méfions-nous : il est bien mis. C'est peut-être un Fra Diavolo — en rupture d'opéra-comique!

ROSE, *qui est rentrée avec la lampe.*

Un voleur! M. Horace? par exemple! Mais il est riche! et généreux!...

* Dubreuil, Juliette.
** Dubreuil, Rose, Juliette.

JULIETTE.

Taisez-vous!

DUBREUIL.

Comment sais-tu cela, toi ?

ROSE.

J'ai servi... chez une de ses parentes... madame de... Labruyère...

DUBREUIL.

Il est allié à la noblesse française !. (Onze heures sonnent. — Musique.)

JULIETTE.

Ah! mon Dieu! Onze heures!

DUBREUIL.

Déjà... C'est ma foi vrai. (Il prend une lampe et donne l'autre à Juliette.)

JULIETTE.

Rose, je n'ai pas besoin de vous. Bonsoir, mon cher oncle*.

DUBREUIL.

Bonsoir**, Juliette. Quelle journée!...

JULIETTE.

Et quelle soirée!

DUBREUIL, riant.

Ah! oui... l'agenda... satané Charvalu!

JULIETTE.

Bonne nuit, cher oncle! (Nuit.)

(Ils rentrent chacun chez soi. — Le théâtre est dans l'obscurité.)

SCÈNE XI

GÉRARD, entrant avec un coffret sous le bras.

C'est moi!... J'ai trouvé l'article 6!... il était dans un de mes tiroirs... Je le tiens!... le voici!... C'est une bonne fille que Rose Copin... l'intelligence de Lisette! Il est peut-être un peu tard pour se présenter dans une maison honnête... surtout lorsqu'on n'y est pas invité. (Regardant sa montre.) Minuit... Oh! non!... onze heures cinquante... le couvre-feu

* Dubreuil, Juliette, Rose.
** Dubreuil, Rose, Juliette.

des convenances n'a pas encore sonné... Où est-elle, ma Juliette?... (Il se dirige à gauche.) Ici, peut-être...

DUBREUIL, en dehors.

Que le diable brûle la maison!... Je ne trouve pas mon bonnet!

HORACE.

La ménagerie!... se méfier!... (Il se dirige à droite.)

JULIETTE, en dehors, chantant.

Le maître sommeille...

HORACE, avec joie.

Oh! le colombier! c'est là!... allons! (Il allume les bougies des candélabres.) La destinée des hommes est bizarre!... dire que rien de tout cela ne me serait arrivé, si je n'étais pas allé, hier, à l'Opéra-Comique!... Ce brave Charvalu!... il m'a fait un excellent choix!... Mme de Santenis est une blonde adorable... née sous le tropique... espérons que ce n'est pas celui du capricorne... (Avec gaieté.) Elle est charmante!... trop charmante, peut-être... mais, bath!... quand on se marie, il vaut toujours mieux prendre une jolie femme!... si ce n'est pas pour soi... (Il descend de la chaise et regarde l'illumination.) Ah! c'est bien plus gai comme ça!... Maintenant... (Il frappe doucement à la porte de Juliette et se blottit derrière un rideau.)

SCÈNE XII

JULIETTE, GÉRARD *.

JULIETTE, entrant et apercevant les lumières. (Avec étonnement.)

Ah! mon Dieu! que signifie...?

GÉRARD, démasquant le rideau et saluant avec respect.

C'est moi, madame.

JULIETTE, avec un mouvement de colère.

Vous, monsieur! Encore!

GÉRARD, saluant.

Encore et toujours.

JULIETTE

Mais monsieur, c'est plus que de l'audace. (En s'apercevant que

* Juliette, Gérard.

Gérard la regarde fixement, elle pousse un petit cri et croise avec précipitation son peignoir sur sa poitrine.) Retirez-vous!

GÉRARD.

Impossible, madame, je ne m'en irai pas sans avoir accompli jusqu'au bout la mission que je me suis imposée.

JULIETTE, montrant la porte de son oncle.

Décidément, vous voulez que j'appelle?

GÉRARD.

Oui, madame, ouvrez la cage, et demain on lira dans les faits divers de la *Patrie* : « La maison du n° 24 de la rue de Provence a été hier le théâtre d'un drame sanglant; un jeune homme appartenant à la classe aisée de la société a été dévoré par un carnassier de la plus haute espèce dans l'appartement de madame de Santenis. Les secours les plus empressés n'ont pu le rappeler à la vie. » Ouvrez, madame, et pareil à l'esclave antique, permettez-moi de vous dire : Celui qui va mourir vous salue. *Ave moriturus...* (Il salue.)

JULIETTE.

Tenez, monsieur, je ne hais pas l'originalité; la vôtre pourrait me plaire, mais à une heure où ce tête-à-tête que vous m'imposez ne blesserait pas les convenances les moins sévères.

GÉRARD.

Je comprends, madame, et je vais calmer vos scrupules. (Il va prendre un paravent dont il déplie les feuilles dans un sens qui partage le théâtre). Tenez, comme ça, nous pouvons être chacun chez nous et causer en bons voisins. Je ne vous demande que cinq minutes pour expliquer le motif de mon retour.

JULIETTE.

Cinq minutes, et après vous vous retirerez? (Gérard fait le geste d'un serment). Eh bien soit! (Montrant la pendule). Il est minuit, à minuit cinq...

GÉRARD.

A minuit cinq, j'aurai satisfait à l'article 6.

JULIETTE, souriant.

Vous le connaissez?

GÉRARD.

Oui, madame... (Il prend un coffret qu'il avait posé sur un meuble à droite). Le voilà ! (Il ouvre le coffret et en tire un bouquet qu'il place sur le couvercle renversé).

JULIETTE.

Un coffret !

GÉRARD, gravement.

« Article 6. Brûler devant madame de Santenis toute « ma correspondance amoureuse. »

JULIETTE, tirant l'agenda de sa poche.

Mais monsieur... comment avez-vous pu savoir?...

GÉRARD.

C'est le résultat d'un travail de traduction... J'ai beaucoup travaillé... dans l'escalier... Commençons le dépouillement.

JULIETTE.

Mais, monsieur, je ne dois pas...

GÉRARD.

Oh ! entre voisins... (Juliette s'assied.)

JULIETTE.

Un bouquet !.. Des lettres... de dames?

GÉRARD.

Et de demoiselles... (Tirant du coffret un paquet de lettres nouées par une faveur rouge). Faveur rouge... dossier des brunes.

JULIETTE.

Mais, monsieur !...

GÉRARD, tendant une lettre à Juliette.

Je vous en supplie, madame... c'est très-instructif. (Juliette hésite, et malgré elle jette un regard sur la lettre.)

JULIETTE.

Cela commence par un véritable élan de passion.

GÉRARD.

Il doit y avoir un post-scriptum.

JULIETTE.

En effet, la dernière ligne parle d'un tapissier.

GÉRARD.

Il y a toujours un tapissier... quelquefois deux dans les bonnes années. (Il avance la tête.)

JULIETTE.

Monsieur, vous trichez... vous avez dit : Chacun chez nous.

GÉRARD.

Je suis chez moi, madame... je suis sur mon balcon. (Tirant une autre lettre.) Numéro 2.

JULIETTE.

Mais...

GÉRARD, insistant.

Oh !... ma voisine...

JULIETTE, lisant tout bas et riant.

Ah ! le numéro 2 s'exprime avec une grande indépendance d'orthographe... Signé, Augustine.

GÉRARD, riant.

Augustine ! La Sévigné du Pataquès. Le style de cette personne était l'image de son caractère ; elle-même était indépendante comme les États-Unis... seulement elle changeait plus souvent de président; il doit y avoir un post-scriptum.

JULIETTE, riant.

Il y en a deux, monsieur.

GÉRARD.

C'est ça, pour que le premier ne s'ennuie pas. Faveur bleue, dossier des blondes ; ma voisine, veuillez jeter les yeux sur cet échantillon... Oh ! la dernière...

JULIETTE, prenant la lettre.

Dans celle-ci, l'on ne vous demande rien, et l'on vous donne quelque chose, une boucle de cheveux.

GÉRARD.

Signé ?...

JULIETTE.

Berthe.

GÉRARD.

Oh ! elle en avait tant !... Elle doit bien les regretter aujourd'hui !

JULIETTE.

Mais, monsieur, il y a une larme sur ce papier !

(Elle laisse tomber la lettre.)

GÉRARD.

Ne faites pas attention, madame, c'est une ancienne...

JULIETTE, se levant.

Comment, vous ne croyez à rien de tout ce passé ? Quel âge avez-vous donc, monsieur?

GÉRARD.

L'état civil m'accorde trente-deux ans, mais je n'en a que trente sur mon passe-port; c'est moins lourd en voyage.

JULIETTE, lui montrant le bouquet flétri.

Eh quoi! ce pauvre bouquet lui-même ne vous rappelle pas le buisson où il a été cueilli?

GÉRARD.

Si. Ce doit être sur un buisson d'écrevisses.

JULIETTE.

Pas un souvenir!...

GÉRARD.

Pas un! Ces amours-là sont plus fragiles que la coupe de vin de Champagne dans laquelle ils ont été baptisés. Ces lettres sont toutes la même : elles commencent en style de romance et finissent en style de facture. On ne les lit pas, on les acquitte. Ce ne sont pas des dates dans la vie, ce sont des échéances. (Il brûle la lettre et ferme le coffret.)

JULIETTE.

Que faites-vous, monsieur?

GÉRARD.

Je commence l'auto-da-fé. Maintenant, la journée de Charvalu est finie; l'article 6 est exécuté; tenez, le voilà qui flambe! Adieu, madame.

LA VOIX DE DUBREUIL.

Sacrebleu! où sont mes pantoufles? (On entend la détonation du revolver.)

JULIETTE, avec effroi.

Ciel!

GÉRARD.

Madame, c'est monsieur votre oncle qui appelle ses pantoufles.

JULIETTE.

Fuyez!

GÉRARD.

Fuir! jamais.

JULIETTE.

Mais il vous tuera!

GÉRARD.

Vous croyez? Ça se trouve bien; je ne savais pas comment finir ma journée : maintenant je suis fixé.

JULIETTE.

Il vient! (Joignant les mains.) Monsieur, de grâce... Je vous en supplie...

GÉRARD, comme frappé d'une idée.

Ah! (Il s'enveloppe du paravent. Au même instant, Dubreuil paraît en robe de chambre.)

SCÈNE XIII

LES MÊMES, DUBREUIL *, puis ROSE.

DUBREUIL.

Comment! tu es levée?

JULIETTE, tremblante.

Oui, mon oncle... Je venais... parce que... Je n'ai pas sommeil.

DUBREUIL.

Moi non plus... Puisque nous n'avons sommeil ni l'un ni l'autre, si nous prenions une tasse de thé, hein?

JULIETTE, à part.

Ah! mon Dieu! (Haut.) Prendre du thé... à pareille heure... Y songez-vous?

DUBREUIL.

Parfaitement. Rose!

ROSE, entrant.

Monsieur?

DUBREUIL.

Rose, fais-nous du thé.

ROSE.

Du thé?

DUBREUIL.

Eh bien! oui... du thé!

ROSE.

Par où est-il donc passé?

* Dubreuil, Juliette, Gérard.

DUBREUIL, s'approchant du paravent et cognant.

Monsieur, voulez-vous me faire l'amitié de prendre une tasse de thé avec nous *?

GÉRARD, montrant sa tête au-dessus du paravent.

J'aimerais mieux du chocolat.

DUBREUIL, riant.

Ah! ah! ah!

GÉRARD, idem.

Ah! ah! ah!

DUBREUIL.

Jeune homme, vous me plaisez.

GÉRARD.

Vraiment! il fallait donc le dire. (Il sort du paravent, mettant ses gants.) Alors, je vais vous faire ma demande.

DUBREUIL.

Je te comprends; mais ma nièce a encore vingt-deux jours de deuil.

GÉRARD.

Oh! nous en ferons onze chacun.

DUBREUIL, riant.

Ah! ah! ah! Il me plaît énormément, ce garçon **! (On sonne. Rose va ouvrir.)

JULIETTE.

Une visite! si tard!

ROSE, accourant.

Madame, c'est M. Charvalu.

JULIETTE.

Ah! mon Dieu!

DUBREUIL.

Il vient à une belle heure.

GÉRARD.

Il faut lui rendre son paletot. (Il le tend à Rose.)

JULIETTE.

Et son agenda.

GÉRARD, le prenant.

Ah! permettez, madame. (Il écrit sur l'agenda à Charvalu.) Article 7 : « Ne jamais se représenter chez madame de Santenis. »

* Juliette, Dubreuil, Gérard, Rose, 2e plan.
** Juliette, Gérard, Dubreuil, Rose, 2e plan.

(A Rose.) Porte-lui tout cela, mon enfant. (A Dubreuil, en riant.) Il y a un article qui vous concerne.

DUBREUIL.

Bah? eh bien, allez...

GÉRARD.

Ce sera pour plus tard, quand nous serons plus vieux. (Saluant Juliette.) Madame...

(Le rideau baisse.)

F. N.

www.ingramcontent.com/pod-product-compliance
Ingram Content Group UK Ltd.
Pitfield, Milton Keynes, MK11 3LW, UK
UKHW021932190726
13853UKWH00002B/991

9 782329 567891